भावनाओं का सागर

दीप्ति वार्ष्णेय

मैं यह कविताये अपने पूरे परिवार के सदस्यों को समर्पित
करना चाहती हूं।

क्रम-सूची

क्रम-सूची

प्रस्तावना

मैं यह पुस्तक उस सर्वशक्तिमान ईश्वर को समर्पित करती हूँ, जिसने मुझे "भावनाओं का सागर" नामक इस प्रकाशन के रूप में अपनी भावनाओं को व्यक्त करने की शक्ति प्रदान की। मैं अपने माता-पिता, परिवार और मित्रों की बहुत आभारी हूँ जिनके अथक सहयोग से मैं सभी कठिनाइयों का सामना कर सकी और अपनी पहली पुस्तक आपके समक्ष प्रस्तुत कर सकी।

भूमिका

मैं आपके सामने "भावनाओं का सागर" को पेश करते हुए बेहद उत्साहित महसूस कर रही हूँ, क्योंकि मैंने पहले कभी कविता की रहस्यमय लेकिन खूबसूरत दुनिया में प्रवेश नहीं किया है। पहली कविता लिखने से लेकर कविताओं का पूरा संग्रह प्रकाशित करने तक का सफ़र काफी अजीब रहा है और इसमें कई उतार-चढ़ाव आए, जैसा कि नीचे बताया गया है:

> यात्रा अजीब थी
>
> मैं कभी-कभी अनंत आकाश में ऊंची उड़ान भरता था
>
> जबकि कभी-कभी
>
> मैं अथाह गहराई में गिर गया
>
> लेकिन एक बात जो लगातार बनी रही
>
> आशा की एक अदम्य किरण थी
>
> जिसने मुझे कभी भी विश्वास न खोने की प्रेरणा दी
>
> चाहे यात्रा कितनी भी कष्टसाध्य क्यों न हो!!"

इस प्रकाशन में प्रकाशित कविताएँ, लेखक की अपनी भावनाएँ, जो अलग-अलग परिस्थितियों में उसके दिल में उतरती थीं। कभी आसमान में उड़ते पक्षियों को देखकर, तो कभी प्लेस्कूल में बच्चों की किलकारियाँ देखकर लेखक के दिल को झकझोर देती थीं।

यह किताब एक छोटी नदी की यात्रा के साथ अजीब समानताएं दर्शाती है, जो अपने उद्गम से लेकर कई तरह के रास्तों से होकर गुज़रती है। कई बार उसे पथरीले रास्ते मिलते हैं, जिन्हें पार करना मुश्किल होता है, फिर भी वह उन्हें पार करने के लिए पूरी ताकत जुटा लेती है; और कई बार उसे सुखद घास

के मैदान मिलते हैं, जिन्हें वह खुशी-खुशी पार कर लेती है।

जीवन के बहुरंगी पहलुओं, जिनमें से कुछ में खुशी तो कुछ में पीड़ा दिखाई देती है, लेखक को इस संग्रह का नाम "भावनाओं का सागर" रखने के लिए प्रेरित किया है।

पुस्तक में आपकी रुचि के लिए धन्यवाद, और आशा है कि आप लेखक द्वारा अपनाए गए उसी मार्ग पर चलते हुए आनंदित होंगे।

आमुख

मैं अपने परिवार की बहुत आभारी हूँ जिन्होंने मुझे इस प्रकाशन को आपके समक्ष लाने के लिए प्रेरित और समर्थन दिया।

इस संकलन को लिखने के लिए समय निकालने के लिए मुझे अपने दैनिक कार्यों से राहत दिलाने में उनका सहयोग, जब मैं लड़खड़ाती थी तो मुझे प्रोत्साहित करना, मुझे इस प्रकाशन को प्रकाशित करने के लिए शक्ति
और साहस जुटाने में सक्षम बनाता था।

1. माँ को नमन

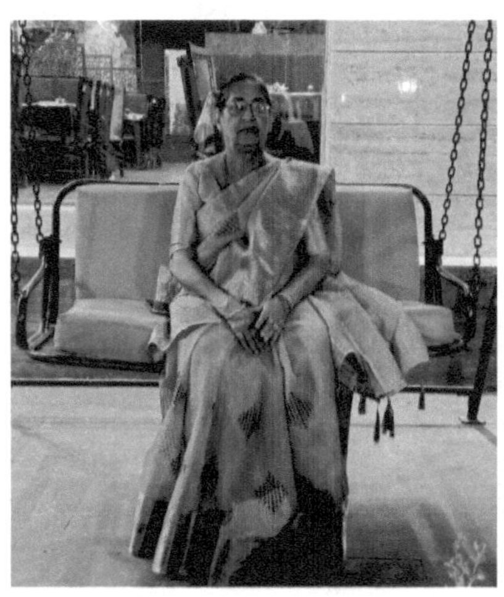

करती हूं उस मां को नमन

जिसने मुझे जन्म दिया

जिसके आंचल में मेरा बचपन बीता

उस मां को शत-शत नमन

खुद का पेट ना भरकर

मेरा पेट भरा ,उस को मां को नमन ।

करती हूं उस मां को नमन

जिसने मुझे जन्म दिया

जिसके आंचल में मेरा बचपन बीता

उस मां को शत-शत नमन
सारे दुखों को खुद सहकर
मुझे खुश रखने वाली मां को नमन ।
करती हूं उस मां को नमन
जिसने मुझे जन्म दिया
जिसके आंचल में मेरा बचपन बीता
उस मां को शत-शत नमन
अपने जीवन से संघर्ष करती हुई,
मेरे जीवन को महकने वाली मां को नमन।
करती हूं उस मां को नमन
जिसने मुझे जन्म दिया
जिसके आंचल में मेरा बचपन बीता
उस मां को शत-शत नमन
कई रातों तक खुद न सोई
और मुझे मीठी नींद देने वाली मां को नमन ।
करती हूं उस मां को नमन
जिसने मुझे जन्म दिया
जिसके आंचल में मेरा बचपन बीता
उस मां को शत-शत नमन

2. मेरे पापा

जिंदगी तो कट रही है आपके बिना,
पर वह बात नहीं जीने में
बहुत सी बात करनी थी आपसे,
बस वह सारी दिल में ही रह गई,
पर क्या पता था कि आप हमसे इतनी दूर चले जाओगे ।
जिंदगी तो कट रही है आपके बिना,
पर वह बात नहीं जीने में
कुछ समय और बिताना था आपके साथ,

बैठकर और खेलना था आपके साथ,
पर क्या पता था कि आप हमसे इतना दूर चले जाओगे।
जिंदगी तो कट रही है आपके बिना,
पर वह बात नहीं जीने में
इन लव्जों से और बोलना था पापा,
साथ में बैठकर और हंसना था,
पर क्या पता था कि आप हमसे इतना दूर चले जाओगे।
जिंदगी तो कट रही है आपके बिना
पर वो बात नहीं जीने में

3. बहन

मेरी एक बहन मुझे बहुत याद आती है,
ना जाने कहां खो गई
मेरी प्यारी बहन बस कुछ खट्टी मीठी सी यादें बाकी है,
मेरी एक बहन मुझे बहुत याद आती है।
वह बचपन के झगड़े बहुत याद आते हैं,
वह उसका दिन भर सोना बहुत याद आता है,
वह बचपन की प्यारी बातें
मेरी एक बहन मुझे बहुत याद आती है।
घर की दादी अम्मा थी वो,
ना जाने कहां खो गई,
वह हर सुख दुख में मेरा साथ देने वाली,
मेरी एक बहन मुझे बहुत याद आती है।
अपनी हर खुशियां मेरे साथ बांटने वाली,
हर दुख को अकेले सहने वाली,
ना जाने कहां खो गई वो,
मेरी एक बहन मुझे बहुत याद आती है।।

4. भाई

काश मेरी दुआ में यह असर हो जाए,

मेरा भाई करोड़पति हो जाए।

भाई की मिसाल तुमसे है,

फूलों में बस कमल तुमसे है,

सावन सा बरसें तेरा हर कदम,

ऐ भाई, तेरी खुशियां दुगनी हो जाए।a

काश मेरी दुआ में यह असर हो जाए,

मेरा भाई करोड़पति हो जाए।

भाई की ताकत मां से है,

खुशबू में महक बस तुमसे है,

दीवाली की चमक,

तेरे आने वाले कल से है ।

काश मेरी दुआ में यह असर हो जाए,

मेरा भाई करोड़पति हो जाए।

दिन की रोशनी सी, रात की चांदनी सी,

चमक तेरी आंखों में हर पल रहें।

दुआएं बहनों की हमेशा भाई के साथ रहें

मां का आशीर्वाद, बहनों का प्यार भाई के साथ रहे।

काश मेरी दुआ में यह असर हो जाए,

मेरा भाई करोड़पति हो जाए।

5. छोटी सी गुड़िया

छोटी सी गुड़िया, आफत की है पुड़िया,
फोन से यह है खेलती, गुस्सा होकर बैठती।
छोटी सी गुड़िया, आफत की है पुड़िया,
सबके यह पैसे लेती, अपने कपड़े ले आती।
छोटी सी गुड़िया, आफत की है पुड़िया,
समझना इसको कुछ आता, बातों में ही दिन जाता।
छोटी सी यह गुड़िया, आफत की है पुड़िया
हरकतें हैं बच्चों जैसी, यह है सबसे बड़ी ।
छोटी सी यह गुड़िया, आफत की है पुड़िया,
सबकी यह है प्यारी, पापा की यह परी।
छोटी सी गुड़िया, आफत की है पुड़िया

6. मेरा बचपन

मेरा बचपन, मेरा बचपन कुछ खास है
उसमें पापा का प्यार, मां का दुलार है
और उन्हीं से मेरी खुशी है।
मेरा बचपन, मेरा बचपन कुछ खास है
जिसमें कुछ खेल खुद, और कुछ पढ़ाई है
और उसी से मेरा जीवन है।
मेरा बचपन, मेरा बचपन कुछ खास है
उसमें नानी की मुस्कान और दादी की खुशी है
और नाना-दादा की यादें हैं।
मेरा बचपन, मेरा बचपन कुछ खास है
उसमें मेरी जिद और मेरी ख्वाहिश है
जिसे पूरा करने के लिए मेरा परिवार है।
मेरा बचपन, मेरा बचपन कुछ खास है
उसमें खिलौनों से खेलना, दोस्तों के साथ घूमना
और दिल करता है कि दिन ऐसे ही निकल जाए।
मेरा बचपन, मेरा बचपन कुछ खास है।।

7. शुभ दीपावली

आईदीपावली है, जल रहे दिए हैं ।
खुशियों का माहौल है, अपनों का साथ है।
जलायेंगे पटाखे, खाएंगे मिठाई,
मनाएंगे दीपावली दोस्तों के साथ।
लगाएंगे लाइट, बाटेंगे उपहार,
मनाएंगे दीपावली पड़ोसियों के साथ।
करेंगे लक्ष्मी पूजन, और लेंगे बड़ों का आशीर्वाद।
मनाएंगे दीपावली परिवार के साथ।
आईदीपावली है, जल रहे दिए हैं
खुशियों का माहौल है अपनों का साथ है।

8. राजदुलारा

मेरी जान है तू, मेरा जीवन है तू,

जबसे तू मेरी गोद में आया,

तो मैंने सारी दुनिया को जीत लिया।

जबसे तू मेरे घर में आया,

मानो कि खुशियां की लहर आ गई।

ऐ मेरे राजदुलारे, अपना सारा जीवन तेरे नाम कर दूं।

मेरी जान है तू, मेरा जीवन है तू,

तेरी यह मीठी-मीठी बातें, तेरा यह दिनभर खेलना,

कभी हंसना कभी रोना, ना जाने दिनभर में कितनी हरकतें

करता है।

तू मेरी जान है, तू मेरा जीवन है, मेरे जीवन में खुशियों

की बहार लाने वाले,

भगवान का मेरे लिए एक अनमोल उपहार है,

मेरा बेटा मेरी जान है, मेरी हर सांस तेरे नाम है।

मेरी जान है तू, मेरा जीवन है तू।।

9. पापा की परी

पापा की प्यारी मां की लाडली,
यह है हमारी गुड़िया,
बेटी है घर में सबसे बड़ी,
फिर भी नाम है इसका गुड़िया,
बातें हैं इसकी हाई-फाई,
फिर भी नाम है इसका गुड़िया,
भाई की प्यारी, बहनों की प्यारी यह,
ये है हमारी गुड़िया,
खर्चे हैं इसके बड़े-बड़े,
शॉपिंग के लिए यह है पागल,
देख पैसा होता ना इसको कंट्रोल,
फिर भी नाम है इसका गुड़िया,
बुआ है यह विदेश वाली,
मांसी है यह गिफ्ट वाली,
यह है हमारी गुड़िया,
भोली-भाली सी है,
हम सबकी प्यारी सी है,
रोकना पाते आंसू, जब याद है उसकी बहुत आती,
यह है हमारी गुड़िया।।

10. नया साल

जीवन में एक और साल कम हो गया
कुछ नई यादें लेकर आएगा
यह साल कुछ पुरानी यादें पीछे छोड़ जाएगा
कुछ नए दोस्त और बनाएंगे
कुछ पुराने दोस्त छूट जाएंगे
कुछ बातें नई होंगी
कुछ बातें पुरानी छूट जाएंगी
कुछ मुझसे बहुत खफा होंगे
कुछ मुझसे बहुत खुश होंगे
कुछ मिलकर हम को भूल गए
कुछ आज भी हम को याद रखते हैं
कुछ मेरा इंतजार करते हैं
कुछ का मैं इंतजार करती हूं
कुछ सही हुआ
कुछ गलत हुआ
कुछ ना कुछ होता रहा
सारे गर्मों को भूल कर अब नए साल का करते हैं
स्वागत।।

11. प्यारी बहना

तेरी हर बात अच्छी लगती है,
तेरे जैसी कोई बहन नहीं,
तू ही तो मेरा संसार है।
तेरी बातों में फूल बरसते हैं
तेरी हंसी से जहां महकता है,
तेरे आने से खुशियां आती हैं।
तू ही तो मेरा संसार है,
तेरी हर बात अच्छी लगती है,
तेरे जैसी कोई बहन नहीं।
बातों - बातों में बहुत कुछ समझा जाती है,
बड़ी होकर भी छोटी नजर आती है,
ना जाने कब गुस्सा हो जाती है
और कब मान जाती है।
तू ही तो मेरा संसार है,
तेरी हर बात अच्छी लगती है,
तेरे जैसी कोई बहन नहीं।
जब भी बीते दिन याद आते हैं
तेरी याद बहुत आती है,
वह बातों में भोलापन चेहरे पर मासूमियत।
तू ही तो मेरा संसार है,
तेरी हर बात अच्छी लगती है,
तेरे जैसी कोई बहन नहीं।

12. देश भक्ति

याद करो उन वीर जवानों को जोसरहद पर चोटें खाते हैं,
हम भारतवासियों के लिए जो मर मिट जातेहैं।

जिस तिरंगे को देखकर हम सर उठा कर सलाम करते हैं,
उसी तिरंगे की खातिर हमारे सैनिक जान गवा बैठते हैं।

याद करो उन वीर जवानों को जो सरहद पर चोटें खाते हैं,
हम भारतवासियों के लिए जो मर मिट जाते हैं।

जिस बर्फ और तूफानों में एक पल भी रहना मुश्किल है,
लेकिन हमारे सैनिकों को यह मुश्किल हालात भी मुमकिन
है।

याद करो उन वीर जवानों को जो सरहद पर चोटें खाते हैं,
हम भारतवासियों के लिए जो मर मिट जाते हैं।

छोड़ घर परिवार को वह सीमा पर रहते हैं,
जान हथेली पर रखकर वह दिन-रात लड़ते हैं।

याद करो उन वीर जवानों को जो सरहद पर छोटे खाते हैं,
हम भारतवासियों के लिए जो मर मिट जाते हैं।

एक मां का बेटा जो हमारे देश की शान है उसको करतेहम
सलाम हैं।

13. मेरा प्यार

हजारों में एक तू ही प्यारा है,
तुझमें कुछ खास बात तो है ।
तेरी बात में मैं खो जाती हूं,
तुझमें कुछ खास बात तो है।
सारी जिंदगी तेरा साथ चाहती हूं,
तुझमें कुछ खास बात तो है।
किस्मत ने भी हम दोनों को मिलाया,
तुझमें कुछ खास बात तो है।
यह दिल भी बस तुझ पर आया,
तुझमें कुछ खास बात तो है।

14. मेरी मां

मां और पापा का प्यार देने वाली मेरी मां,

सारे दुखों को हंसकर सहने वाली मेरी मां,

देखा मां के रूप में भगवान को,

करी पूजा मैंने अपनी मां की ,

मेरे जीवन को सजाने वाली मेरी मां ।

मां और पापा का प्यार देने वाली मेरी मां,

सारे दुखों को हंसकर सहने वाली मेरी मां,

कभी जो गुस्से में आकर मुझे डांट देती,

जो कभी रोने लगूं तो चुप कराती,

मुझे प्यार से समझाने वाली मेरी मां ।

मां और पापा का प्यार देने वाली मेरी मां,

सारे दुखों को हंसकर सहने वाली मेरी मां,

उनकी गोद में मुझको चैन मिलता,

उनसे सारी बातें करके मुझे सुकून मिलता,

मेरी बातों को समझने वाली मेरी मां ।

मां और पापा का प्यार देने वाली मेरी मां,

सारे दुखों को हंसकर सहने वाली मेरी मां,

गलती पर आंखें दिखाने वाली,

गलत काम करने पर मारने वाली,

सही संस्कार देने वाली मेरी मां ।

मां और पापा का प्यार देने वाली मेरी मां,

सारे दुखों को हंसकर सहने वाली मेरी मां ।।

15. जिंदगी

जिंदगी जीने का नाम है, जी लेते हैं ,
कुछ पल है जीवन के हंस लेते हैं ।
कुछ पल है हम पर,
ईश्वर को मना लेते हैं,
कुछ पल है हम पर,
मां-बाप का भी आशीर्वाद ले लेते हैं,
ना जाने हमारे जीवन के पल बढ़ जाए ।
जिंदगी जीने का नाम है, जी लेते हैं ,
कुछ पल है जीवन के हंस लेते हैं ।
कुछ मीठी यादें और कुछ मीठे पल,
कुछ दोस्तों की शरारत और उनकी बातें ,
जिंदगी जीने का नाम है,जी लेते हैं,
कुछ पल है जीवन के हंस लेते हैं।

16. मन की चाहा

मन करता है तितली की तरह खूबसूरत लगूं,
मन करता है चिड़ियों की तरह चाहती रहूं,
पर अब हो नहीं सकता ।
मन करता है मोर की तरह नाचने लगूं,
मन करता है कि पानी की तरह बह निकलूं,
पर अब हो नहीं सकता ।
मन करता है पंख लगा कर दुनिया देख लो,
मन करता है बच्चों की तरह सब का प्यार पाऊं,
पर अब हो नहीं सकता ।
मन करता है होली के रंगों की तरह भी मेरे में कई रंग
हो,
मन करता है परियों की तरह मेरी भी एक कहानी हो,
पर अब हो नहीं सकता।

17. उपहार

भगवान का दिया हुआ उपहार है तू,
मेरे जीवन की सबसे बड़ी खुशी है तू,
जब से तू मेरे जीवन में आया,
तूने मेरे जीवन को महकाया
आज मैं भगवान से यही गुजारिश करती हूं
कि मेरे इस अनमोल उपहार को सदा सलामत रखे।

18. दोस्त

ऐ जिंदगी मुझे यूंही हर पल हंसाती रहे,

ऐसे ही अच्छे दोस्त मुझे मिलाती रहे,

दोस्त ही है,

जो हंसाते हैं,

कुछ पल ही सही पर मिलने आते हैं,

दोस्त ही है,

जो मजाक बनाते हैं,

पर कुछ भी हो जाए जरूर बनवाते हैं।

ऐ जिंदगी मुझे यूं ही हर पल हंसाती रहे,

ऐसे ही अच्छे दोस्त मुझे मिलाती रहे,

दोस्त ना हो जीवन में,

तो जीवन अधूरा है,

दोस्त ना हो जीवन में,

तो चेहरे की मुस्कान अधूरी है,

दोस्त ना हो जीवन में,

तो पार्टी की शान अधूरी है।

ऐ जिंदगी मुझे यूं ही हर पल हंसाती रहे,

ऐसे ही अच्छे दोस्त मुझे मिलाती रहे,

जिंदगी में दोस्त तो बहुत आते-जाते हैं,

पर सुख-दुख में जो काम आए वही दोस्त है।

ऐ जिंदगी मुझे यूं ही हर पल हंसाती रहे,

ऐसे ही अच्छे दोस्त मुझे मिलाती रहे।।

19. बहू

मैं बेटी थी, ना जाने कब बहू बन गई,
पापा की परी थी, मां की दुलारी थी,
ना जाने कब किसी की पत्नी बन गई,
मैं बेटी थी, ना जाने कब बहू बन गई,
बहनों की प्यारी थी, भाई की जान थी,
ना जाने कब किसी की भाभी बन गई,
मैं बेटी थी ना जाने कब बहू बन गई,
पापा की छोटी थी, अम्मा की लाडली थी,
ना जाने कब बहू बन गई,
मैं बेटी थी, ना जाने कब बहू बन गई।

20. तन्हाई

कभी-कभी हम अकेले से लगते हैं,

घर में सदस्य कुछ कम से लगते हैं।

फिर वही पुराने दिन याद आते हैं,

जब हम मिलजुल कर रहा करते थे,

साथ-साथ रहते थे और साथ-साथ दिन बिताते थे

और अब हम अकेले हैं।

कभी-कभी हम अकेले से लगते हैं,

घर में सदस्य कुछ कम से लगते हैं।

वह भी क्या दिन थे जब सब एक साथ रहते थे,

एक ही रसोई में खाना बनाते थे,

एक ही साथ बैठकर खाते थे,

और अब हम अकेले हैं।

कभी-कभी हम अकेले से लगते हैं,

घर में सदस्य कुछ कम से लगते हैं ।

वह भी क्या दिन थे जब सब साथ रहते थे,

तब दिन भी छोटे लगते थे,

और अब लगता है कि घड़ी का समय थम सा गया है,

क्योंकि अब हम अकेले हैं ।

कभी-कभी हम अकेले से लगते हैं,

घर में सदस्य कुछ कम से लगते हैं।

वह भी क्या दिन थे जब सब एक ही कमरे में बैठकर बातें

किया करते थे,

और अब बातें करने को कोई भी नहीं है,
क्योंकि अब हम अकेले हैं।
कभी-कभी हम अकेले से लगते हैं,
घर में सदस्य कुछ कम से लगते हैं।
वह भी क्या दिन थे जब घर में बच्चों का शोर और बड़ों
की बातें सुनाई देती थी,
अब घर में बड़ों और बच्चों की कमी सी लगती है,
क्योंकि अब हम अकेले हैं।
कभी-कभी हम अकेले से लगते हैं,
घर में सदस्य कुछ कम से लगते हैं।

21. अपने

कोई कमी नहीं है जीवन में,

जब साथ हो अपनों का,

खुशियां ही खुशियां है दमन में मेरे जब साथ हो अपनों

का,

पास आने से पहले डरते हैं गम जब साथ हो अपनों का,

हर एक दिन दिवाली है जब साथ हो अपनों का,

जीवन में रंग हजारों है जब साथ हो अपनों का,

बिन पंखों के आसमान में उड़ती हूं जब हाथ हो अपनों का,

ऊंचाई के सबसे ऊंचे शिखर को छुती हूं जब साथ हो

अपनों का,

बिन सुरों के गति हूं जब साथ हो अपनों का,

बिना बात पर हंसती हूं जब साथ हो अपनों का,

अकेले बैठकर मुस्कुराती हूं जब साथ हो अपनों का,

गमों को भी हंस कर पी जाती हूं जब साथ हो अपनों का।

22. बचपन की बातें

बचपन की जब मैं बातें याद करूं,

हर पल तुझको याद करूं,

कोई नहीं तुझ जैसा मां,

बस यही मैं बात कहूं।

बचपन की यादों के साथ, हर पल तू याद आती है,

पर कर शादी तूने अपने से मुझे जुदा किया,

बस यादें ही मन में रह जाती है,

सोच हर बातों को दिल मेरा भर जाता है,

फिर वही बात याद आती है कि बेटियां तो पराई होती है।

कोई नहीं तुझ जैसा मां ,बस यही मैं बात कहूं,

बचपन की जब मैं बातें याद करूं,

हर पल तुझको याद करूं ।

भूख लगे तो खाना ले आती,

प्यास लगे तो पानी ले आती ,

नींद लगे तो लोरी सुनाती,

खराब हो तबीयत तो दबा लें आती ,

याद है वह मुझको सारी बातें ,

जो तुमने मेरे साथ करी ।

कोई नहीं तुझ जैसा मां, बस यही मैं बात कहूं ।

बचपन की जब मैं बातें याद करूं,

हर पल तुझको याद करूं।

पापा के बाद भी, दुनिया से लड़कर तूने मुझको बड़ा किया,

पापा जैसा प्यार दिया,
याद है मुझको वह सारी बातें ,
जो तूने मेरे साथ करी।
कोई नहीं तुझ जैसा मां ,बस यही मैं बात करूं
बचपन की जब मैं बात याद करूं,
हर पल तुझको याद करूं।।